Lesestart mit der Maus
Meine kunterbunten Leselern-Geschichten
für Mädchen

Bibliografische Information der Deutschen Nationalbibliothek
Die Deutsche Nationalbibliothek verzeichnet diese Publikation in der Deutschen Nationalbibliografie; detaillierte bibliografische Daten sind im Internet über http://dnb.d-nb.de abrufbar.

FSC www.fsc.org
MIX
Papier aus verantwortungsvollen Quellen
FSC® C107574

Text: Sarah Bosse, Sigrid Gregor, Henriette Wich, Hildegard Müller
Illustrationen: Katja Kersting, Sigrid Gregor, Irene Mohr, Michael Wrede, Hildegard Müller

ISBN 978-3-8458-0457-6

www.arsedition.de

Lesestart mit der Maus

Meine kunterbunten Leselern-Geschichten für Mädchen

arsEdition

Liebe Eltern,

Lesenlernen macht Spaß! Besonders, wenn die Maus, der Elefant und die Ente Ihr Kind dabei begleiten.

Kurze Geschichten mit vielen bunten Bildern regen die Fantasie an und ermutigen zum Mitlesen. Gehen Sie gemeinsam mit Ihrem Kind auf eine Reise in eine Welt voller aufregender Geschichten! Diese laden mit den verschiedensten Themen wie Meerjungfrauen, Prinzessinnen, Pferde oder Hexen dazu ein, weiterzudenken, Fragen zu stellen und von eigenen Erlebnissen zu erzählen.
Interessante Sachinfos, abwechslungsreiche Inhaltsfragen und knifflige Rätsel von der Maus und ihren Freunden lockern die Geschichten auf und machen die Leselern-Geschichten zu einem besonderen Erlebnis.

Spannende Sachinformationen mit der Maus ergänzen die Geschichten und regen zum Nachfragen und Nachdenken an.

Konkrete Inhaltsfragen mit dem Elefanten ermutigen zum Erzählen und Beschreiben und fördern so das Textverständnis.

Lustige Rätsel mit der Ente am Ende jeder Geschichte fördern die Konzentration und machen Spaß.

Ermutigen Sie Ihr Kind dazu, zuzuhören und selbst zu lesen. Nutzen Sie die eingebauten Kästen mit der Maus, dem Elefanten und der Ente, um über das Gelesene zu sprechen.
Mit der Maus und ihren Freunden fällt es leicht, die großen und kleinen Hürden auf dem Weg zum Lesen zu überwinden!

Wir wünschen Ihnen und Ihrem Kind einen guten Lesestart mit der Maus!

Inhalt

Das Monster im Spiegel

Als die  erwacht,

reckt sie die 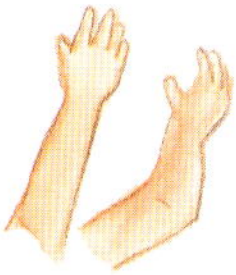 und denkt:

Heute besuche ich das ,

von dem mir die  erzählt hat.

Die Krabbe
Krabben haben harte Panzer und zwei Scheren, um sich vor Gefahren zu schützen. Mit den Scheren können sie kneifen und sich verteidigen. Um sich fortzubewegen, laufen Krabben seitwärts.

Unterwegs trifft die  den 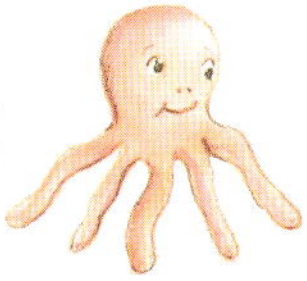.

„Hallo !“, ruft sie fröhlich.

Der Tintenfisch
Tintenfische können sich gut verteidigen. Wenn Gefahr droht, spritzen sie mit Tinte, um Angreifern die Sicht zu nehmen und wegzuschwimmen. Außerdem können Tintenfische ihre Farbe verändern und der Umgebung anpassen.

„Heute schaue ich mir das  an.“

Da kommt das  geschwommen.

„Vielleicht findest du ja einen !“, ruft es.

„Drück mir die  !“, lacht die  .

Das  hat sie schnell gefunden.

Groß und dunkel

ragt es zwischen zwei  auf.

Ob sich darin tatsächlich

ein  verbirgt?

Die  entdeckt das 

und den großen  .

Da! Ein 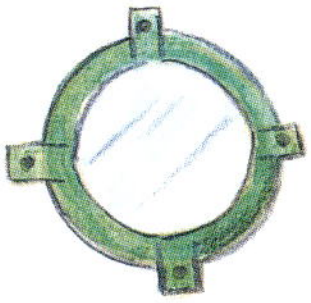 ist kaputt!

Vorsichtig schwimmt die  hindurch.

Im  ist es dunkel.

Das Schiffswrack
Auf dem Meeresboden liegen viele Schiffswracks. Manche davon sind mehrere Tausend Jahre alt. Die Schiffe sanken bei Stürmen, Piratenüberfällen oder Seeschlachten. Wracks mit wertvollen Schätzen sind heute das Ziel vieler Schatzsucher.

Doch was glitzert da? Etwa ein  ?

Aber nein, es ist ein 

mit einem goldenen  .

Neugierig schwimmt die  hinüber.

In einen  hat sie

noch nie geschaut!

Plötzlich zuckt die  zusammen.

„Meine  sehen aus wie  !“,

ruft sie erschrocken.

„Mein  ist breit

wie bei einem  ,

mein  ist dick wie ein  !“

Eine  kullert ihr aus dem  .

„Ich dachte, ich wäre hübsch!“,

jammert sie traurig.

„Aber ich bin eine hässliche  !

So sollen mich der ,

das  und die 

nicht sehen!“

Die  schwimmt durch eine 

und dreht den  herum.

Die Nixe hat sich eingeschlossen.
Was ist passiert?

Als die  langsam untergeht,

wundert sich die ,

wo die  wohl steckt.

„Sie ist zum  geschwommen“,

erzählen der  und das .

„Kommt, wir suchen sie!“,

ruft die .

Doch beim  ist die 

nirgendwo zu sehen.

„ , wo steckst du?“, ruft das .

„Schwimmt weg!“, ruft die .

„Warum hast du dich eingeschlossen?“,

fragt der .

Die  jammert:

„Weil ich so hässlich bin!“

Da entdeckt die  den 

und muss furchtbar lachen.

„Hast du etwa in den  geschaut?

Du  ! Der ist alt und kaputt.

In dem sieht jeder aus wie ein  !“

Was passiert, wenn man in den alten Spiegel schaut?

Die  steckt die  zur 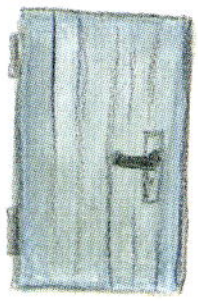 heraus.

„Ehrlich?“, fragt sie.

„Ehrlich!“, rufen die ,

der 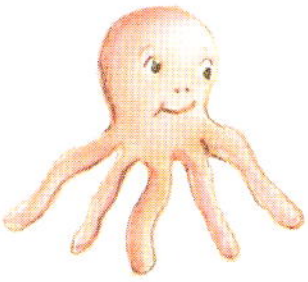 und das .

„Du bist die schönste 

auf der !“

Wörter zu den Bildern

kleine Nixe

Frosch

Monster

Krabbe

Tintenfisch

Arme

Felsen

Haare

Rahmen

Anker

Steuerrad

Daumen

Bauch

Fass

Bullauge

Nase

Schatz

Schiffswrack

Schaf

Schlüssel

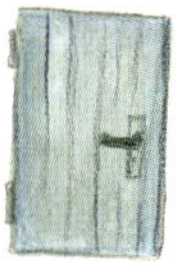
Tür

Spiegel

Sonne

Seepferdchen

Mund

Stroh

Auge

Träne

Welt

Die kleine Nixe hat in diesem Bild einen Schlüssel versteckt. Findest du ihn?

Oskar, der Möhrendieb

Lea  ist sehr aufgeregt.

Dort kommt das  mit dem .

Papa  öffnet den ,

und heraus kommt ihr !

„Dein  heißt Oskar“, sagt .

Vorsichtig geht  auf  zu

und krault ihm die .

Warum ist Lea so aufgeregt?
Erzähle.

„Ich werde gut für  sorgen“,

verspricht  .

 lacht und sagt:

„Sei vorsichtig!  ist frech.“

Aber  zeigt  einen  .

Sie führt  auf die 

und bringt ihm einen  mit  .

Sie bürstet  sorgfältig

und kämmt seine 

mit einem großen  .

Bis die  untergeht,

bleibt  bei ihrem  .

Lea kümmert sich um Oskar.
Was macht sie?

Dann bringt ihm  noch eine  .

„Schlaf gut“, sagt  und geht ins  .

Weißt du, was Pferde am liebsten fressen? Die Grundnahrungsmittel von Pferden und Ponys sind Heu und Stroh. Wenn die Tiere kräftig arbeiten müssen – zum Beispiel im Dressursport –, bekommen sie als Kraftfutter Getreide wie Hafer und Gerste oder Müsli zugefüttert. Richtige Delikatessen sind Obst und Gemüse. Vor allem Möhren und Äpfel kommen bei Pferden und Ponys richtig gut an.

Als  aufwacht,

schaut sie gleich aus dem  .

Oje!  steht mitten im  !

Hat  das  etwa offen gelassen?

Schnell flitzt  hinaus!

Der  sieht aus,

als hätte sich hier ein  gewälzt!

 schimpft mit 

und scheucht ihn aus dem .

Warum schimpft Lea mit Oskar?
Weißt du das?

Gut, dass  und  noch schlafen!

 buddelt die  wieder ein

und harkt die  glatt.

Die abgeknickten 

stellt  in eine .

Doch was ist das?

Der freche  steht hinterm 

und zupft übermütig

die  von der  !

Blumen

Radieschen

Dinosaurier

Sonne

Wasser

Anhänger

Fenster

Vase

Wäsche

Mähne

Mama

Papa

Lea

Pony Oskar

Eimer

Garten

Findest du alle Dinge vom Rand im Bild wieder?
Schau genau, dann kannst du alles entdecken.

Leine

Auto

Gartentor

Bett

Möhre

Vogel

Kamm

Beete

Haus

Weide

Isabell zähmt den Drachen

Prinzessin Isabell  lebt

in einem großen  .

Das  liegt in einem  ,

in dem viele  wachsen.

Wo lebt Prinzessin Isabell?
Erzähle.

In dem  hinter dem 

lebt schon lange

ein riesiger  .

Die   im  erzählen,

dass er sogar  speien kann!

Trotzdem wollen die  

immer wieder gegen ihn kämpfen.

Zurück kommen sie mit verbogenen ,

angesengten 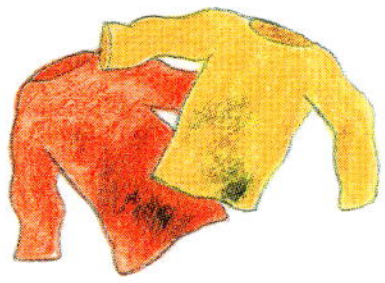 und manchmal

auch mit einer 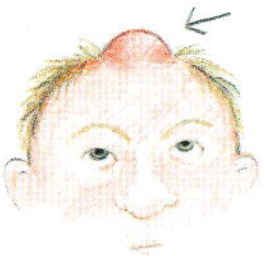 am 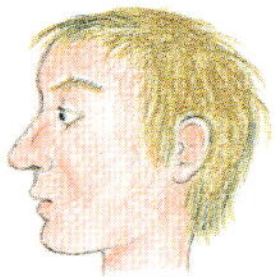.

Das Ritterturnier
Ritter traten auf einem Ritterturnier mit einer Lanze gegeneinander an. Der Sieger gewann ein Preisgeld. Es gab auch andere Wettkämpfe wie Bogenschießen und Schwertkampf. Ritterturniere waren Feste, die mehrere Tage dauerten.

Noch nie wurde der  besiegt!

„Ich möchte auch gern mal

den  sehen“, denkt sich .

„Ich könnte ihn bestimmt zähmen!“

Eines Morgens schleicht sich 

heimlich aus dem  .

Als sie ganz tief im  ist,

hört sie den  .

Er schnauft und schnieft.

 fasst sich ein 

und schleicht vorsichtig näher.

Der  jammert:

„Ich bin ja so hungrig!

Ständig muss ich

gegen diese blöden  kämpfen

und komme nie zum Fressen!

Nicht die kleinste  habe ich

seit Langem zwischen die 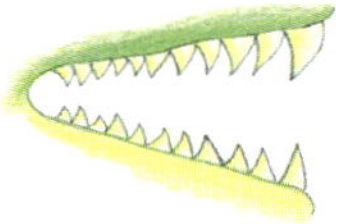 gekriegt.

Dabei kann ich doch nur

von  leben!“

Der Drache jammert.
Aber warum?

 traut ihren 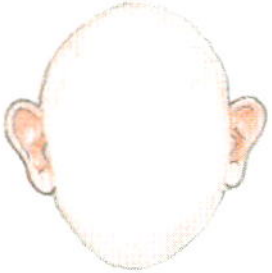 nicht.

Mutig geht sie zu dem  hin.

„Wer bist du denn?“, röhrt der .

„Du duftest aber lecker nach !“

„Ich weiß, wo es  gibt!“,

sagt  schnell.

„Führe mich hin!“, brüllt der  .

„  fresse ich am liebsten,

ihre  kitzeln so schön

auf der 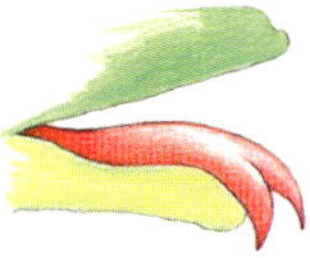 .“

Was frisst der Drache am liebsten und warum?

 führt den 

in den  .

Dort darf er von den  naschen.

So hat  den  gezähmt.

Prinzessinnen heute
Auch heute gibt es noch Prinzessinnen. In Europa gibt es in sieben Ländern Königsfamilien, zum Beispiel in England oder Spanien. Als Prinzessin muss man gebildet sein und sich gut benehmen können, da man immer in der Öffentlichkeit steht.

Er geht jetzt sogar an der 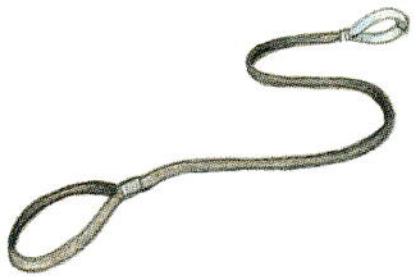 !

Die mutigen  sind arbeitslos.

Deshalb müssen sie

den  umgraben

und neue  pflanzen.

Wörter zu den Bildern

Schloss

Wald

Blumen

Park

Feuer

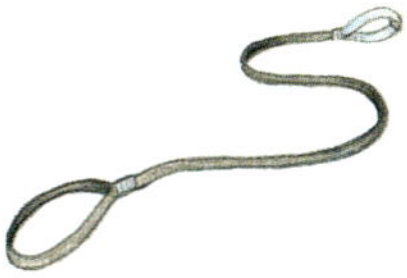
Leine

Ritter

Rosen

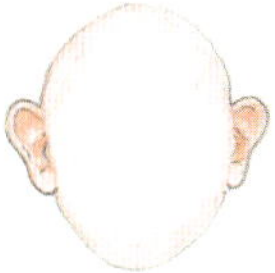
Ohren

Dornen

Herz

Drache

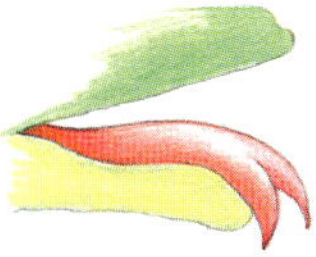
Zunge

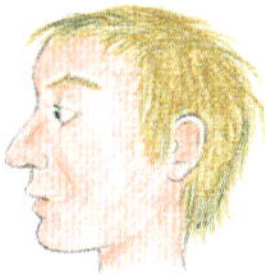
Kopf

Beule

Hemden

Schwerter

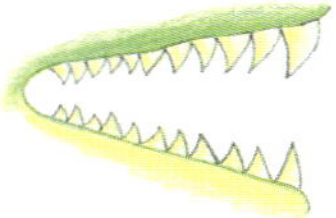
Zähne

Isabell

Warum schauen die Ritter so erschrocken? Erzähle. WEIL ISABELL BEI DEM DRACHE IST

Mondgesang

Unter der steinernen 

am  liegt ein alter .

Darin wohnt Kitty .

 liegt auf ihrem 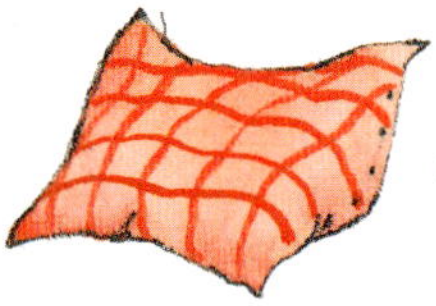.

Sie kann nicht schlafen,

weil der  so hell scheint.

Der Mond
Der Mond ist ein Himmelskörper und umkreist die Erde. Einmal im Monat gibt es Vollmond und einmal Neumond. Um ihn zu erforschen, fliegen Astronauten mit einem Raumschiff auf den Mond. Dort nehmen sie beispielsweise Gesteine mit, die auf der Erde untersucht werden. So wurde herausgefunden, dass der Mond über vier Milliarden Jahre alt ist.

 schaut zum  und singt:

„Rundes schönes  -Gesicht,

alle  lieben dich, stehst am  hell und klar,

 -Licht, du bist wunderbar!“

Sie setzt sich auf den 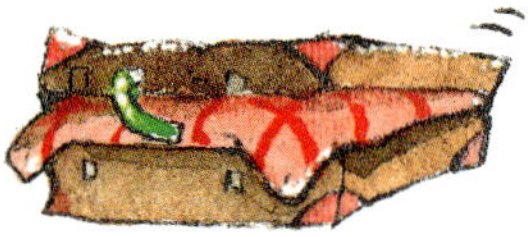

und seufzt:

„Der  ist so weit weg.

Wäre er doch auf der !

Dann könnte er neben mir

auf dem 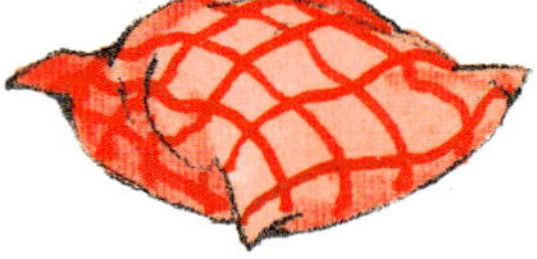 sitzen

und ich würde ihm was vorsingen.“

Auf einmal fühlt sich  einsam.

Die  im  lachen.

Kitty sitzt traurig auf ihrem Kissen. Was wünscht sie sich?

„ will den 

auf der  haben!“

 schnieft beleidigt in ihre .

Plötzlich knurrt jemand: „Hallo!“

 sträuben sich die .

Schnell wie der 

springt sie in ihren 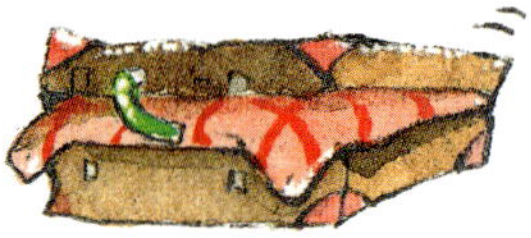.

Der 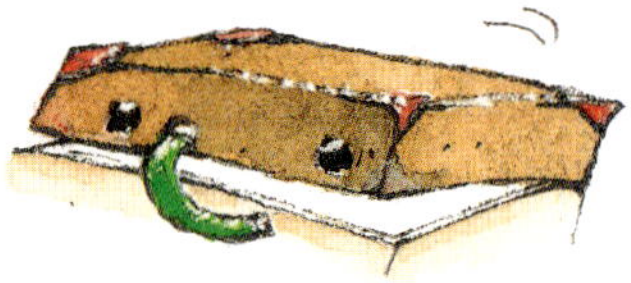 klappt über ihr zu.

 fürchtet sich.

Unter der  lebt nur sie.

Ist da draußen etwa ein ?

Kitty sträubt ihr Fell und springt erschrocken in ihren Koffer. Was ist passiert?

Draußen brummt jemand:

„Dein  -Lied war so schön!“

 ist neugierig.

Vorsichtig lugt sie aus dem 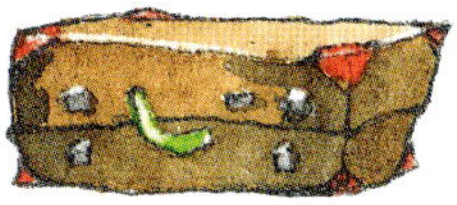 .

Sie blickt einem großen 

ins  .

„Seine  strahlen

wie der  “, denkt  .

Sie klettert aus ihrem 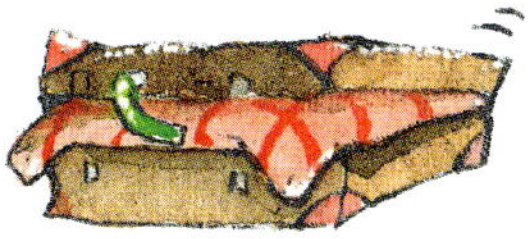 .

Der  setzt sich neben .

Beide schauen zum  hinauf.

Und dann singen sie:

„Schönes rundes -Gesicht,

 und  lieben dich,

stehst am  hell und klar,

-Licht, du bist wunderbar!“

Warum hat Kitty keine Angst mehr vor dem Hund, als sie ihn sieht?

Wörter zu den Bildern

Kitty

Augen

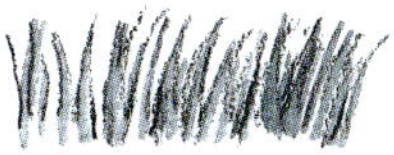

Haare

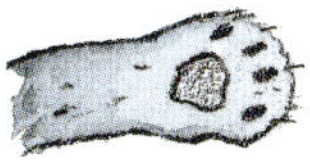

Pfote

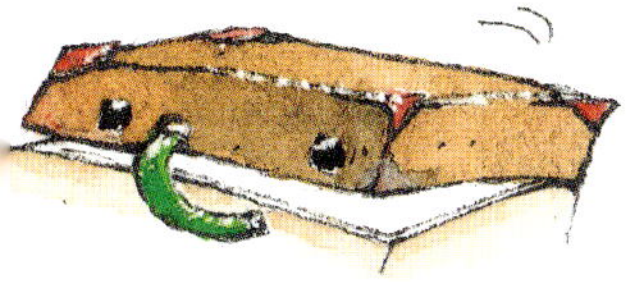

Deckel

Hund

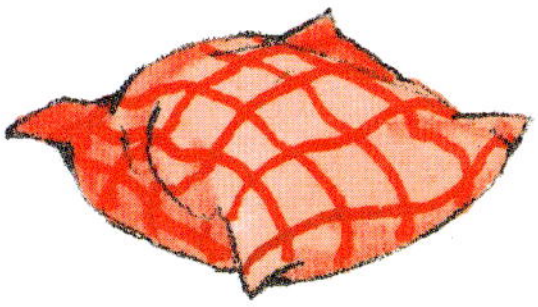

Kissen

Katze

Blitz

Fluss

Erde

Brücke

Gesicht

Himmel

Gespenst

Mond

Koffer

Frösche

1. Wo haben sich denn die Frösche versteckt? Siehst du sie?
2. Was schwimmt im Fluss? EINE FLASCHE
3. Wer schaut von der Brücke aus auf den Hund? EIN GESPENST

Hilfe, ein Waldgeist!

Schlotti  spielt

mit ihrem großen Bruder Oskar 

Verstecken im .

Erst wenn die  -mal schlägt,

dürfen sie zurück zur .

Dann heulen  und 

mit den anderen 

den  an.

Aber jetzt muss 

nach  suchen.

Schlotti und Oskar spielen Verstecken. Warum dürfen sie noch nicht zur Ruine?

Das Gespenst
Gespenster spuken gerne in verlassenen Burgen. Sie kommen in vielen spannenden Geschichten vor, zum Beispiel in »Das kleine Gespenst« und »Aladin und die Wunderlampe«, in der es um einen Lampengeist geht.

Im  ist es stockdunkel.

Von einem  klatschen .

Was hat  mal erzählt?

Wenn es regnet, kommen die 

und entführen kleine 

in ihre dunkle .

 fängt an zu zittern.

Da streicht etwas an  vorbei.

Ein ? Nein, nur eine .

Da, eine !

Nein, es war nur ein .

Schlotti sucht Oskar im Wald.
Wovor fürchtet sie sich?

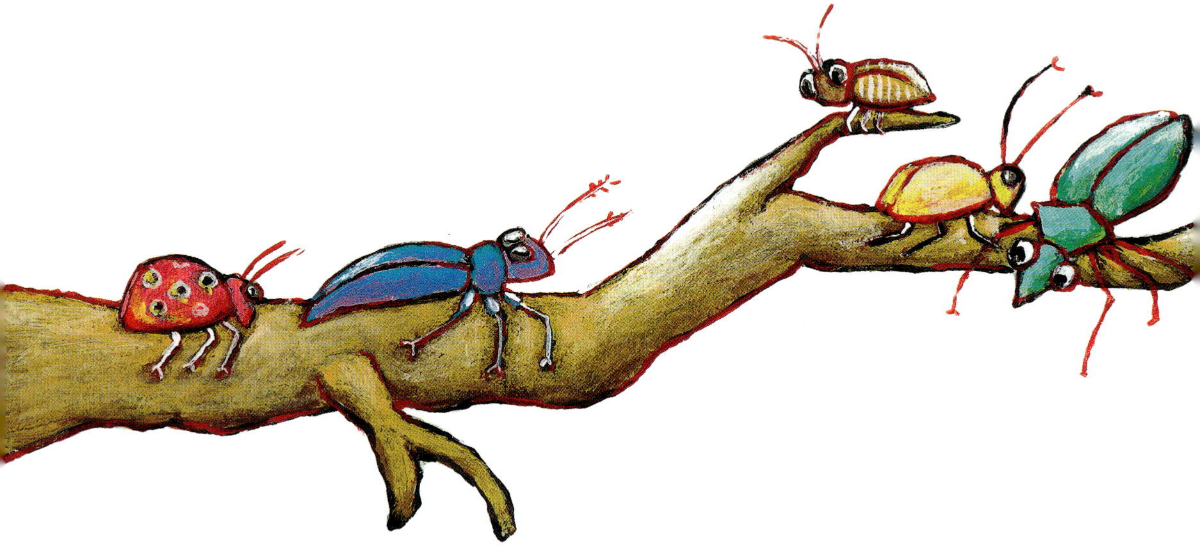

Aber jetzt kommt ein riesiger 

auf  zu.

Das ist bestimmt ein !

Was soll  nur tun?

Sie starrt auf das  am .

Da krabbeln überall 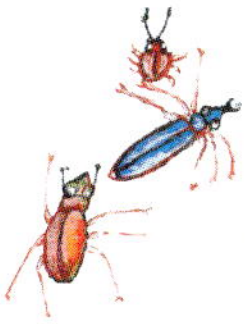 .

 lieben 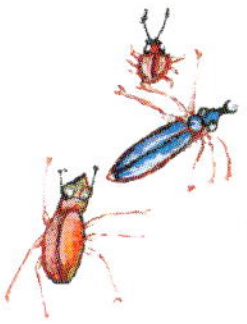 .

Sie tragen sie als  .

Vielleicht kann 

die  damit von sich ablenken.

Wie möchte Schlotti die Waldgeister von sich ablenken?

 sammelt lauter 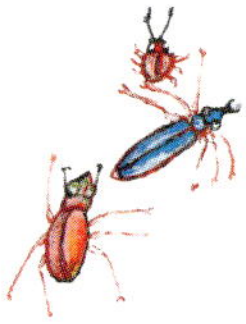

und legt sie auf einen .

Hoffentlich greift der  danach!

Plötzlich hört  ihn schreien.

„Das kitzelt!“,

brüllt der .

Es ist gar kein , es ist  !

Er wollte  nur erschrecken.

 schwebt zu ihm hin.

 ist voller 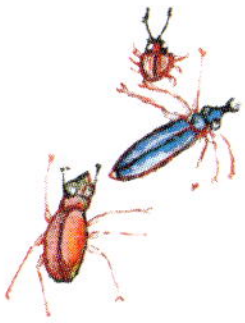.

„Bitte, befrei mich!“, ruft .

Da schlägt die  -mal.

„Später“, sagt .

„Wir müssen zurück zur .“

Alle  heulen den  an.

Ein  heult besonders laut.

Es ist .

Wörter zu den Bildern

Ruine

Moos

Vollmond

Glocke

Waldgeister

Eule

Ast

Schatten

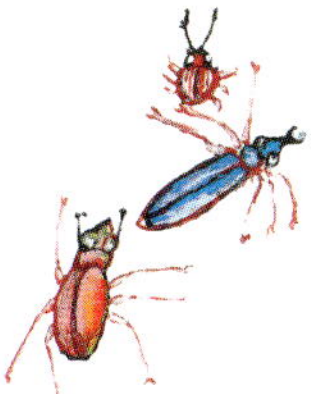
Käfer

Oskar

Regentropfen

Wald

Baumhöhle

Gespenster

Boden

Ketten

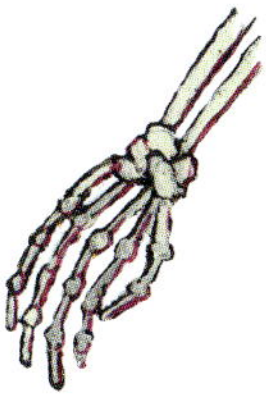
Knochenhand

Schlotti

1. Wie viele Gespenster gibt es hier? Zähle sie. 10
2. Was spielen die drei Gespenster in der Burgruine? MENSCHERGER DICHNICHT

Malwine hext sich Freunde

In einem kleinen alten 

im  wohnt ganz alleine

die Hexe Malwine  .

 langweilt sich und murmelt:

„Ich wünsche mir einen schwarzen .

Nachts kann er auf dem 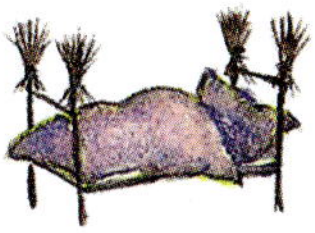 sitzen

und tagsüber auf meiner ."

 nimmt ihr  und

hext den  gleich herbei.

Warum wünscht sich Malwine
einen Kater?

Der  springt wild

im  herum.

Zack – wirft er die 

und  aus dem  .

Mit seinen scharfen 

zerfetzt er das schönste  .

Da sagt sich  :

„Ich möchte lieber einen  .

Ein  ist nicht so wild.“

Hokuspokus – aus dem 

wird ein  .

Der  fliegt krächzend

zur  hinaus.

Er holt die 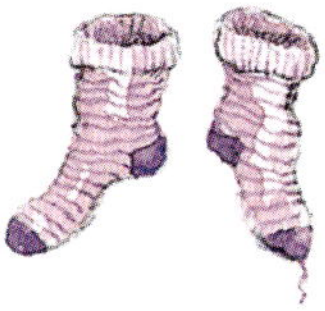 von der 

und versteckt sie.

Dann zertritt er die  .

Der Rabe ist genauso frech wie der Kater. Was macht er?

Wütend hext ihn 

in ihr  zurück.

Dann fällt ihr etwas ein.

Sie holt 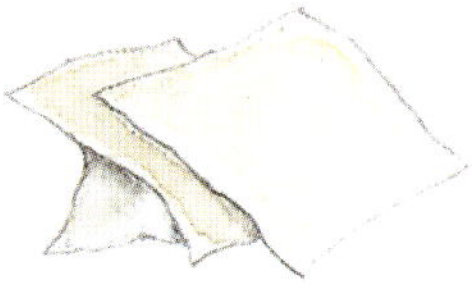 und 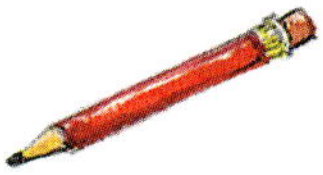.

Sie schreibt an die Hexe Rasegunde :

Liebe !

Ich backe morgen einen großen 

und lade Dich in mein  ein.

Bitte bring alle anderen Hexen mit.

Viele Grüße! Deine 

Malwine hat eine Idee! Was schreibt sie in dem Brief?

Was glaubt ihr? Alle sind gekommen.

Seitdem hat sich 

nie wieder gelangweilt.

In ihrem  wird gelacht, getanzt,

gesungen und  gespielt.

Manchmal gehen auch ein paar  ,

ein  oder  kaputt.

Aber das stört  gar nicht mehr.

Wörter zu den Bildern

Kissen

Bleistift

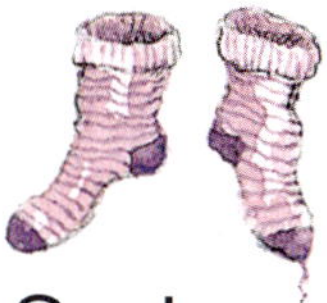
Socken

Tür

Papier

Kater

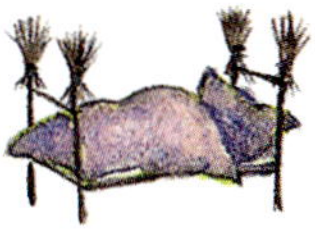
Bett

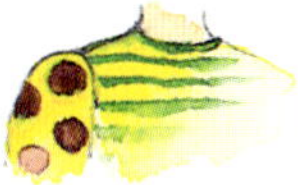
Schulter

Krallen

Rasegunde

Rabe

Kuchen

Regal

Malwine

Flaschen

Ball

Zauberbuch

Haus

Wäscheleine

Wald

Fliegenpilze

Bücher

1. Wie viele Hexen kannst du auf dem Bild entdecken? 12
2. Welchen Buchstaben kannst du auf den Fensterläden sehen? M
3. Warum ist die Hexe mit den grünen Haaren aufs Regal geklettert? UM AN DEN KATER ZU KOMMEN

Gerettet!

Bert  lebt in einem  .

Von oben schaut  auf die  .

Da fährt ein  auf den  zu.

Schon platscht der  in die  .

Der  steigt in ein 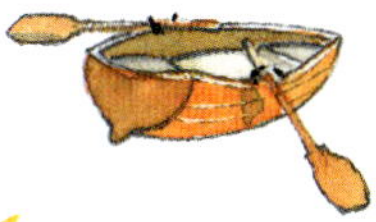

und rudert zum  .

Der Leuchtturm
Leuchttürme gibt es an der Küste oder in Küstennähe im Meer. Mit einem Lichtsignal zeigen sie den Schiffen den richtigen Weg. Außerdem warnen sie die Schiffe vor gefährlichen Stellen im Wasser. Deswegen stehen Leuchttürme oft dort, wo das Wasser nicht tief genug für die Schiffe ist.

„Hallo,  !“, ruft er.

„Komm mit auf mein  .

Da kannst du  fangen und die  mit dem  bewachen.

Dafür bekommst du

frischen , so viel wie du willst.“

„Das klingt gut“, sagt .

Der  und  rudern zum .

 läuft gleich die 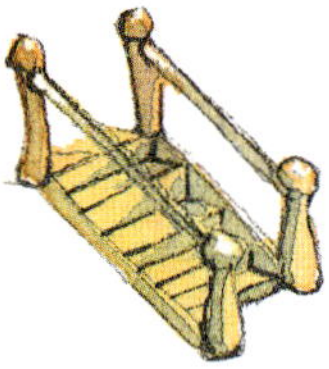 hinunter.

Bert geht mit dem Kapitän auf das Schiff. Was soll Bert dort machen?

Die  mit dem  stehen

ganz unten im .

„Keine  da“, denkt .

Jetzt holt der  den  ein.

Das  schaukelt auf den .

 wird grün im .

Matt legt er sich auf eine 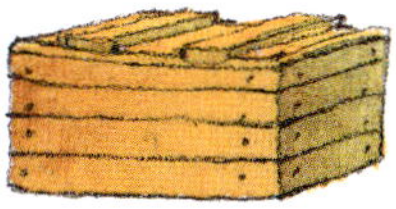.

Da hört  die  :

„  , du Grün-  ,

 kriegst du nicht,

unser  tanzt munter

die  rauf und runter!“

 hält sich die 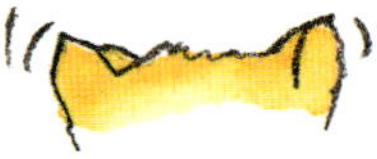 zu.

Aber die  sind frech.

Sie ziehen  am  .

Die Mäuse lachen Bert aus.
Erzähle, warum.

 torkelt die 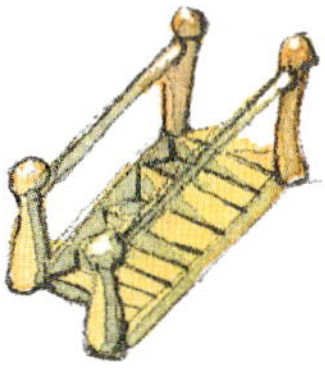 hoch.

Er greift nach einem 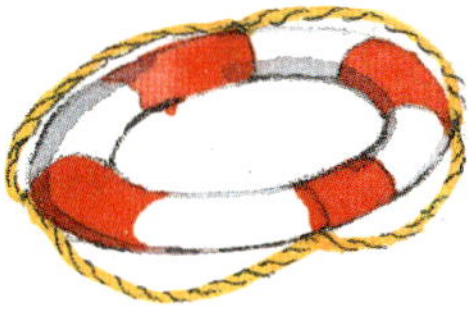 .

„Bloß runter von diesem  !“,

denkt  und springt ...

Die  treiben ihn davon.

Armer  !

Plötzlich tauchen  auf:

Das Seepferdchen
Seepferdchen gehören zu den Fischen und leben im Meer. Sie ernähren sich von Plankton. Mit ihrem Schwanz können sie sich an Pflanzen oder an anderen Seepferdchen festhalten. Bei den Seepferdchen brüten die Männchen in einer Bruttasche am Bauch die Eier aus.

„Können wir helfen?“

 jammert:

„Ich will zu meinem  !“

Die  schlüpfen

durch das  vom  .

Und los geht’s.

Bald sieht  den  .

„Gerettet!“, seufzt  .

Wörter zu den Bildern

Anker

Kiste

Schiff

Ruderboot

Kapitän

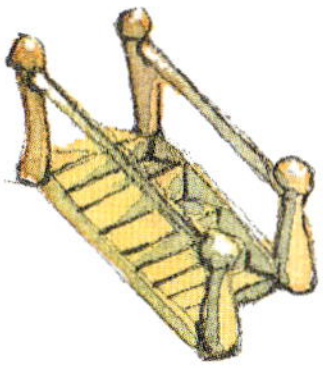
Treppe

Wellen

Fisch

Ohren

Brot

Rettungsring

Bert

Gesicht

Leuchtturm

Maus

Schwanz

Seepferdchen

Seil

1. Wie viele Seepferdchen kannst du hier zählen? 2 3
2. Was beobachtet Bert durch das Fenster?
   den Kapiten
3. Hast du auch schon die Mäuse entdeckt?
   Ja

Lidas Rache

Prinzessin Lida  ist unglücklich.

Ständig wird sie

von ihrem großen Bruder Leo 

geärgert.

Er lacht sie aus:

„Du kannst nicht

auf  klettern.

Du kannst nicht

mit einem 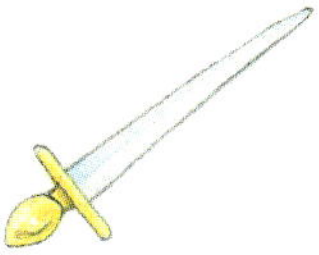 kämpfen.

Du bist nur ein feiges kleines  !“

 erschreckt  gern.

Weißt du, warum Prinzessin Lida unglücklich ist?

Er springt plötzlich hinter einer 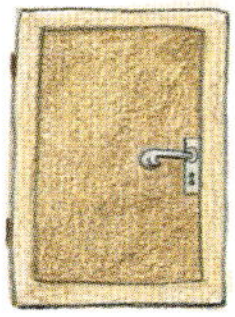

hervor und macht: „Huhuu!“

Gestern hat er 

eine  ins 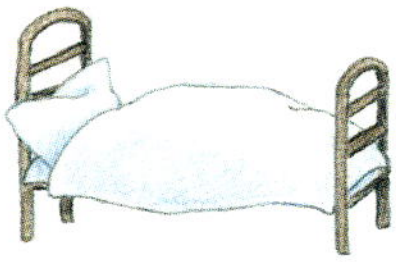 gesetzt.

 hat die 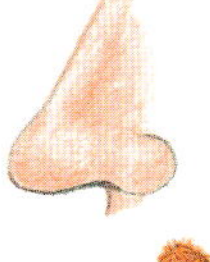 voll!

Sie will sich an  rächen.

Wütend läuft sie durch das 

bis ganz oben unter das  .

In einigen der größten Schlösser Europas kann man sich wirklich verlaufen! So hat beispielsweise das Schloss Versailles in Frankreich über 2000 Zimmer. Im Schloss wohnten aber auch viele Leute. Zahlreiche Diener und Beamten hatten dort ihre Zimmer oder Wohnungen. Sie mussten dem König und seiner Familie immer zur Verfügung stehen.

Sie öffnet eine große knarrende 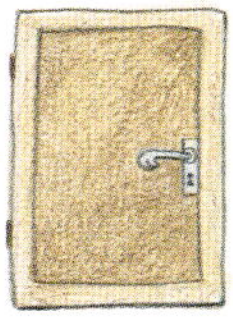 .

Vor sich sieht sie

einen riesigen alten  .

Im  wimmert etwas!

Vorsichtig öffnet  die 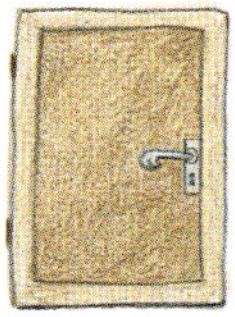.

Ein kleines, ganz verheultes 

hockt im !

„Mein großer Bruder 

hat meinen 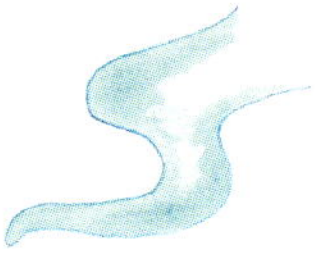

an einem 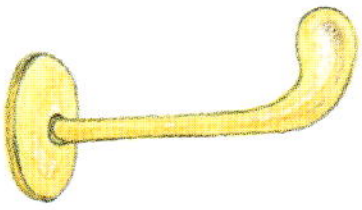 festgeknotet!

Jetzt komme ich nicht mehr los!“,

heult das .

Warum sitzt das kleine Gespenst verheult im Schrank? Erzähle.

 macht den  auf.

Glücklich schwebt das 

auf sie zu.

„Ich will mich bei dir bedanken “,

säuselt es.

„Ich weiß auch schon, wie“, sagt  .

Nachts liegt  in seinem 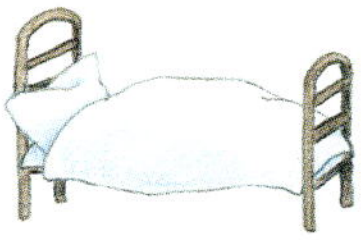

und schläft.

Plötzlich fährt eine eiskalte 

über sein  !

 kreischt

und springt aus dem 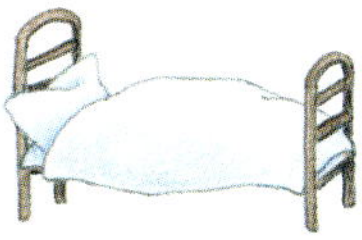.

Ein  greift

mit langen weißen 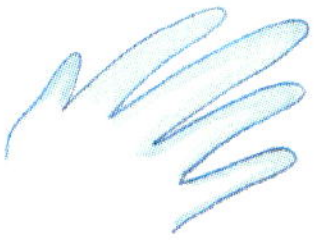 nach ihm!

„Hilfe!“, schreit 

und rennt in das 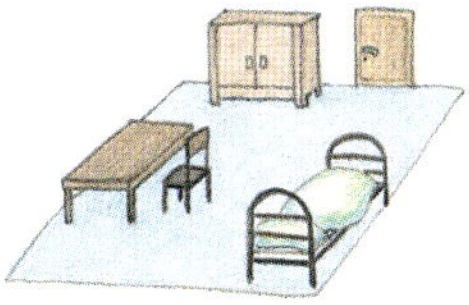 von .

Aber die steht schon da,

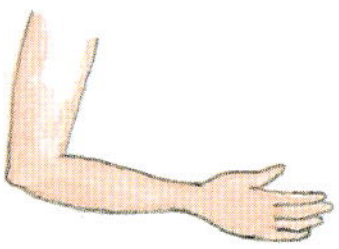 in 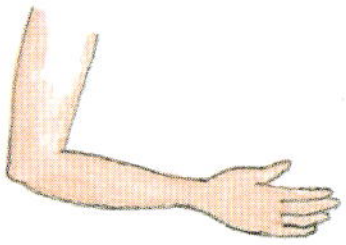 mit dem  ,

und lacht ihn aus:

„Ist doch nur ein

ganz kleines  ,  !

Dass ein großer  so feige ist!“

Es gibt viele Geschichten über Schlossgespenster. Vielleicht kennst du ein paar davon? Besonders in schottischen und englischen Schlössern sollen viele Gespenster hausen. So zum Beispiel in Englands berühmtestem Geisterschloss »Hampton Court Palace«. Obwohl immer wieder Leute behaupten, ein Gespenst gesehen zu haben, konnte seine Existenz nie wissenschaftlich bewiesen werden.

Wörter zu den Bildern

Lida

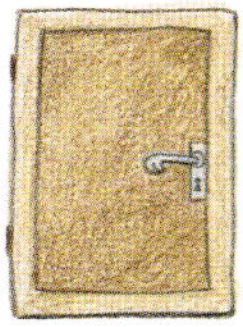
Tür

Schloss

Schwert

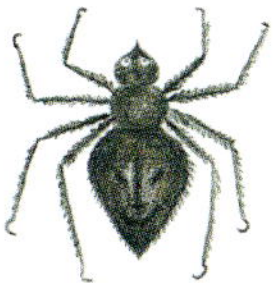
Spinne

Junge

Dach

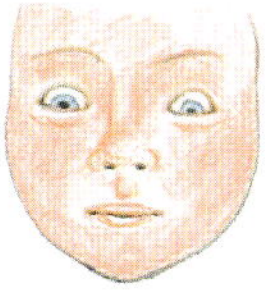
Gesicht

Schrank

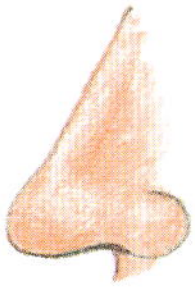
Nase

Leo

Mädchen

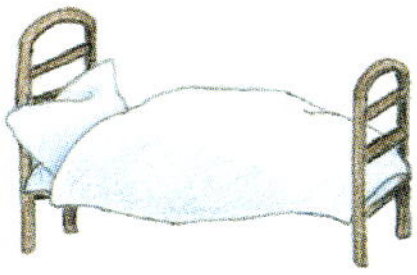
Bett

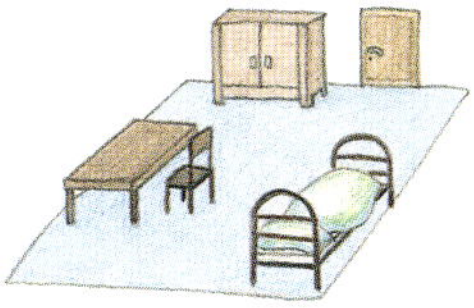
Zimmer

Gespenst

Bäume

Geisterschwanz

Hand

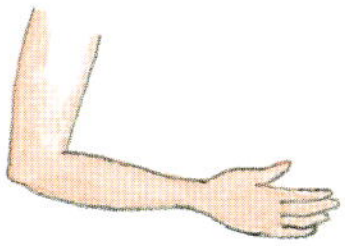
Arm

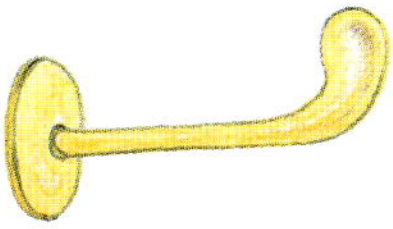
Haken

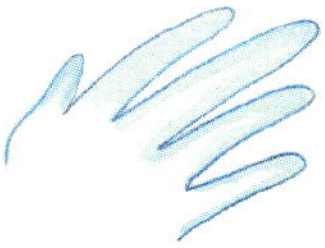
Finger

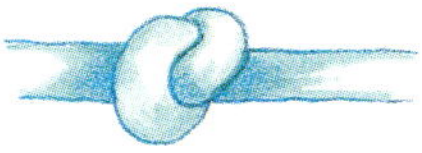
Knoten

Was ist denn hier los? Kannst du eine
Geschichte zu diesem Bild erzählen?

Kleiner Frosch auf Abwegen

„Huch!“, ruft die  erschrocken,

als ihr ein knallgrüner 

vor die  hüpft.

„Was bist du denn für einer?“

Der  verschränkt die  .

„Ein  natürlich!“

Die  verdreht die  .

„Das sehe ich auch“, sagt sie.

„Aber  leben normalerweise

in einem  und nicht am .“

„Sehr richtig!“, antwortet der .

Die Nixe trifft einen Frosch.
Worüber wundert sich die Nixe?

„Und ich wohne in einem

besonders schönen  .

Dort gibt es wehendes 

und  , die sind weiß wie  .“

„Aber wie kommst du ins  ?“,

will die  wissen.

Der  zeigt auf seine  .

„Gehüpft natürlich!

Zuerst durch das  ,

dann über die 

durch einen 

und schließlich über den  ."

Der  macht ein wichtiges  .

Der Frosch
Es gibt viele verschiedene Froscharten, zum Beispiel den bunten, aber giftigen Pfeilgiftfrosch. Der Flugfrosch kann mit Spannhäuten zwischen den Zehen von Baum zu Baum gleiten. Beide Frösche leben im Regenwald.

„Ich wollte mal sehen,

wie das bei euch so ist.“

„Und?“, fragt die  .

„Wie ist das so bei uns?“

Der  verzieht den  ,

als hätte er in eine  gebissen,

und sagt: „Salzig!“

Die  lacht.

Dem Frosch gefällt es nicht
besonders gut am Meer.
Erzähle, warum.

„Das schmecke ich gar nicht,

weil ich immer im  bin!“

Plötzlich zuckt der  zusammen.

„Uah, was ist das?“

„Das ist doch nur der 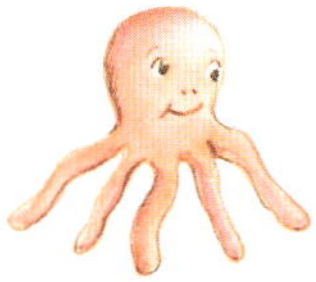 !“,

ruft die  .

„Guten Tag,  “, sagt der 

und schüttelt dem 

nacheinander jeden der 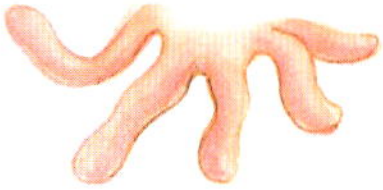 .

Die  klatscht lachend

in die 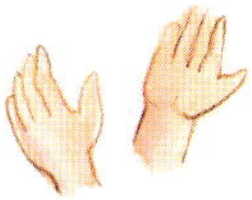 . „Hör auf,  ,

dem  wird ganz schwindelig!“

Da kommt das 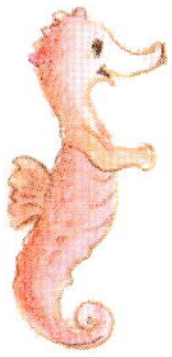 geschwommen.

„Wo ist denn dein 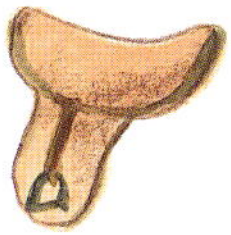 ?“,

fragt der  das 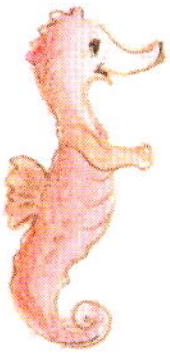 .

Die  hält sich lachend den  .

„Du bist wirklich zu komisch,  .“

Schließlich kommt die 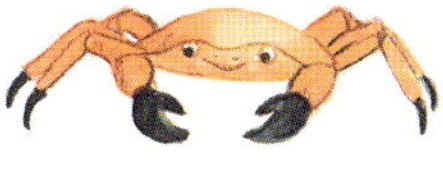

angekrabbelt.

„Du bist ja  wie ein kleines  !“,

ruft der  und grinst.

Wen lernt der Frosch kennen?
Wie ärgert er seine neuen Freunde?

Die  zeigt mit einer 

auf den  .

„Und du bist  im  !“

„  ?“, fragt der  erschrocken.

„Mir ist auch ziemlich schlecht.

Euer  ist einfach zu salzig.

Ich muss zurück in meinen ."

„Schade!", ruft die .

„Komm doch mit!“,

schlägt der  vor.

„Dann zeige ich dir die  .“

Aber die 

schüttelt traurig den  .

„Dein  ist mir nicht salzig genug.

Und er ist viel zu klein.“

„Tschö!“, ruft der  und winkt.

„Vielleicht komme ich dich

mal wieder besuchen.

Dann bringe ich dir eine  mit.“

Warum möchte die Nixe nicht
mit zum Teich kommen?

Wörter zu den Bildern

kleine Nixe

Frosch

Krabbe

Tintenfisch

See-
pferdchen

Schweinchen

Wald

Schilf

Zitrone

Teich

Schere

Seerosen

Bauch

Schnee

Strand

Mund

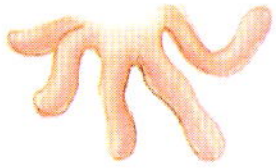
Arme

Wiese

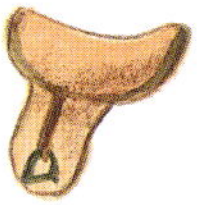
Sattel

Wasser

Gesicht

Arme

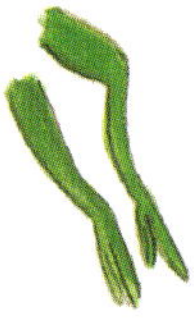
Beine

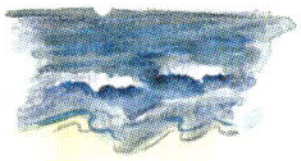
Meer

Kopf

Nase

Augen

lila

rosa

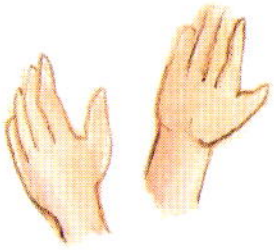
Hände

Welchen Weg soll der Frosch nehmen, damit er seinen Teich findet?

Simon traut sich

Simon , Paul  und Hans 

besuchen mit Mama  und Papa 

einen  .

,  und  freuen sich

besonders auf die  .

Kaum sind sie auf dem ,

da haben  und 

schon den 

das 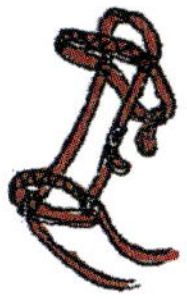 angelegt

und sitzen fest im 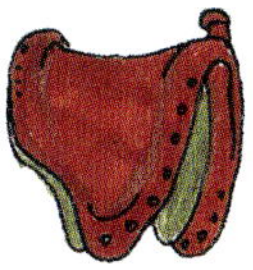.

Doch  traut sich nicht zu reiten.

Reiten
Reiten macht sehr viel Spaß! Ein Anfänger lernt mit einem sanftmütigen Pferd reiten, damit nichts passiert. Das Pferd benötigt ein Halfter, Zaumzeug und einen Sattel. Für den Reiter ist die Reitkappe besonders wichtig, um den Kopf zu schützen. Wer gut reitet, kann an Turnieren teilnehmen.

Als  ein  streicheln will,

wirft es wild den  hoch

und wiehert laut.

 erschrickt.

Er bleibt lieber hinter dem  .

Die  haben so große 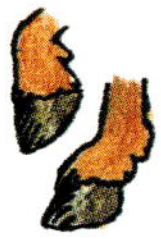 !

Sie könnten  mit den  schlagen

oder ihn umrennen.

Simon beobachtet die Pferde.
Warum traut er sich nicht zu reiten?

 und  lachen  aus.

„Alter Angst-  !“, rufen sie.

„Mach dir ja nicht in die  !“

 und  sind gemein, denkt  .

 und  jaulen wie  .

Sie traben und galoppieren,

bis  ruft.

Der Cowboy

Cowboy bedeutet »Kuhjunge«. Cowboys sind nordamerikanische Rinderhirten. Mit Pferden hüten und fangen sie die Rinder. Zum Fangen benutzen die Cowboys Lassos. Früher wurde in Nordamerika mit Pferden sogar die Post ausgetragen.

Längst schon scheint der ,

als  heimlich

aus seinem  steigt.

 und  schlafen fest.

Leise schleicht  zum .

Der  scheint auf die .

Schön ist das!, denkt .

Neugierig kommen die 

zum .

Die  sind ganz friedlich.

Jetzt sind  und  nicht dabei.

Da traut sich 

und gibt den 

 auf der flachen 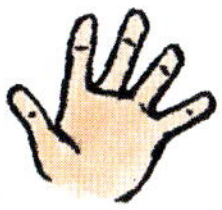.

Nun streichelt  die .

Gar nicht schlimm!, denkt 

und steigt über das  .

 flüstert: „Vielleicht

setz ich mich morgen in den 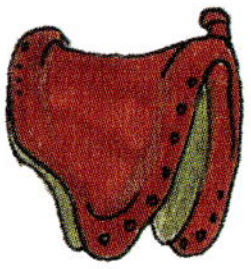 !“

Wie überwindet
Simon seine Angst?

Wörter zu den Bildern

Papa

Äpfel

Mond

Bett

Zaumzeug

Cowboys

Paul

Ponys

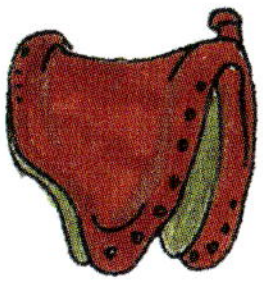
Sattel

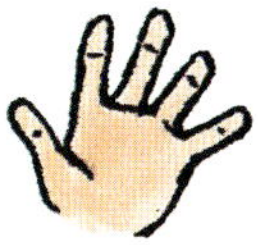
Hand

Kopf

Mama

Hose

Reiterhof

Gatter

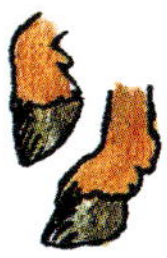
Hufe

Pony

Hans

Hase

Simon

1. Wer schläft denn da schon? der Hase
2. Was siehst du auf dem Plakat? Kaubeus
3. Wem winken die Eltern zu? ~~Simon~~
Simon. Paul und Hans.

Ritter im Anmarsch

Lutz  darf endlich mal

bei Oma  übernachten.

 hat eine tolle 

mit kleinen  und .

 ist Raubritter Draco 

und kämpft wie ein wilder .

 ist sein zartes .

Sie spielt so lange mit ,

bis er müde ins  fällt.

Lutz ist bei Oma.
Was spielen sie? Erzähle.

„Heute kommen noch Gäste “,

sagt sie zu .

Da klingelt es schon an der .

 geht runter zu den .

Die  reden und lachen laut.

 fühlt sich so einsam

wie  ohne sein  .

Von der  gegenüber

schlägt es 9-mal.

 wälzt sich im  herum.

Es schlägt 10-mal, dann 11-mal.

 kann einfach nicht schlafen.

Er knipst die  an.

Wie oft schlägt die Turmuhr, bis
Lutz seine Lampe wieder anmacht?

Was  wohl macht,

wenn er schlaflos im  liegt?

Um  poltert es vor der  .

 holt zitternd  und 

und versteckt sich unter der  .

Knarrend geht die  auf.

 späht unter der  hervor

und erkennt riesige .

Hilfe, ein echter !

Da dröhnt der :

„Ist  noch wach?“

 hebt die  ein wenig

und starrt auf die  der .

Sie haben  als 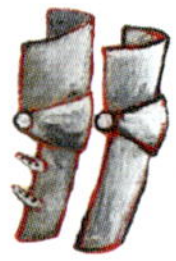.

 guckt höher.

Einer trägt eine  als 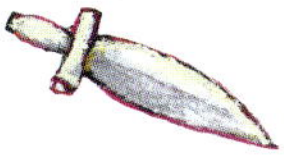.

 guckt noch höher.

Da ist ja auch ein !

Sie hat einen  auf.

Gehört der  nicht ?

 hat sich als  verkleidet.

Und die  sind ihre .

Oma hat sich verkleidet.
Erzähle, wie.

 springt aus dem 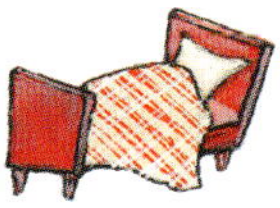.

„Welcher 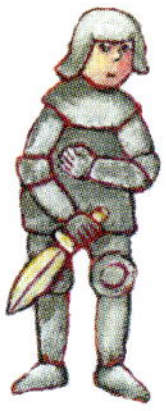 will zuerst

mit  kämpfen?“

Wörter zu den Bildern

Lutz

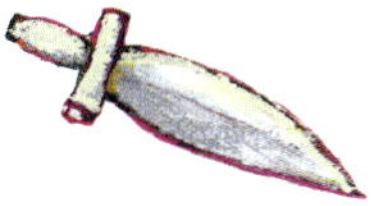
Schwert

Banane

Bett

Drache

Lampe

Schild

Kirche

Tür

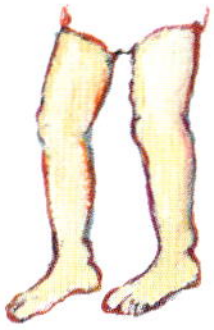
Beine

Bettdecke

Gäste

Burgfräulein

Ritter

Beinschienen

Oma

Ritterburg

Alufolie

Trichter

Stiefel

Haustür

Raubritter Draco

1. Was halten Omas Gäste jeweils in der Hand? BANANE, LÖFFEL und ALUFOLIE
2. Was siehst du, wenn du aus Lutz' Fenster blickst? Die Kirche
3. Welche Tiere zieren die Tapete im Zimmer von Lutz? Schweine

Filibelle mit den kalten Füßen

Die Hexe Filibelle 

liegt in ihrem  .

 kann nicht schlafen,

weil sie so kalte 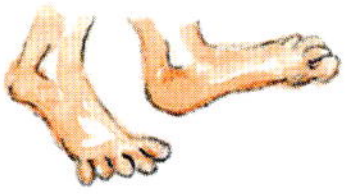 hat.

Dabei hat sie doch dicke 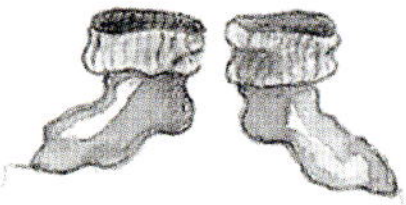 an.

Aber die wärmen nicht.

Ihre zahme 

sitzt auf der 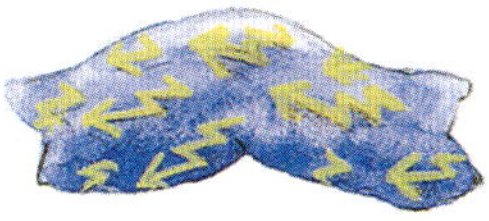.

Die Fledermaus
Fledermäuse sind nachaktiv. Tagsüber schlafen sie zum Beispiel in Höhlen oder Dachböden. Fledermäuse schlafen kopfüber, indem sie sich mit ihren Krallen an der Decke oder an Ästen festhalten.

Aber das hilft auch nicht.

Plötzlich kracht es laut

vor dem .

 schaut aus dem .

Ihr  wackelt hin und her.

Was passiert, als Filibelle ein lautes Krachen im Schuppen hört?

Ein grüner 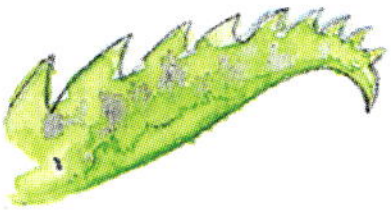 ragt aus der .

Was kann das sein?

 nimmt eine 

und geht aus dem .

Sie steigt über den grünen 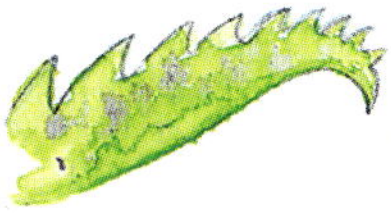.

Dann macht sie

die  auf.

Ein großer grüner 

liegt in ihrem  .

„Was machst du in meinem  ?“,

fragt  .

„Sei nicht böse“, röhrt der  .

„Ich musste plötzlich landen.

Leider fiel ich auf deinen  .

Nun ist das  kaputt.

Im Schuppen sitzt ein Drache.
Wie kommt er dort hin? Erzähle.

Und mein  ist ausgegangen.“

Der  zittert und friert.

 lockt ihn aus dem .

Mit der  zündet sie

sein  wieder an.

Der  atmet auf

und kokelt dabei

ihren 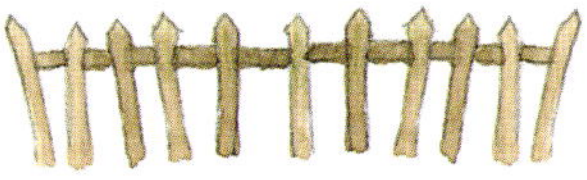 an.

„Oh weh!“, jammert er.

Der Drache
Der Drache ist ein Feuer speiendes Fabeltier. Er kann fliegen und hat manchmal mehrere Köpfe. In vielen Geschichten raubt ein Drache eine Prinzessin und ein Prinz muss sie retten. Es gibt aber auch nette Drachen wie das Urmel aus dem Eis.

„Dein  ist zu stark“, meint  .

Der  atmet

ganz vorsichtig.

Nun darf er mit ins  .

Er macht  im  .

Dann legt er sich auf den 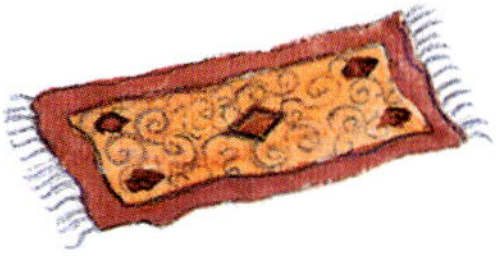 .

 hext ihm etwas vor.

Der  erzählt von früher,

als er noch ein  war.

Nur ganz selten brennt er

 in den 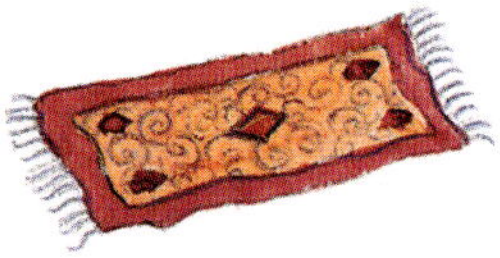.

Und  hat jetzt

keine kalten 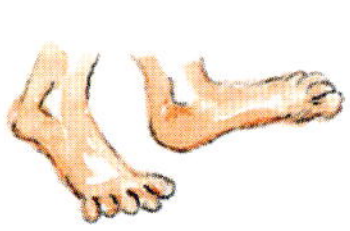 mehr.

Wörter zu den Bildern

Haus

Bett

Tür

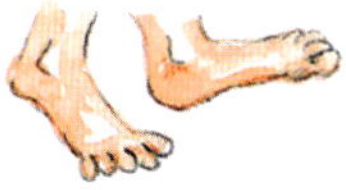
Füße

Fledermaus

Schwanz

Drache

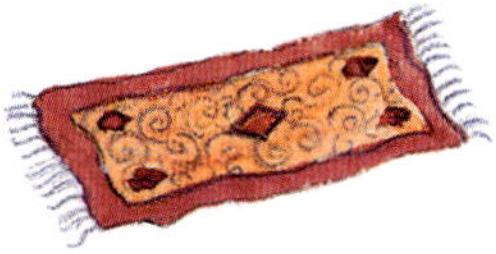
Teppich

Löcher

Filibelle

Feuer

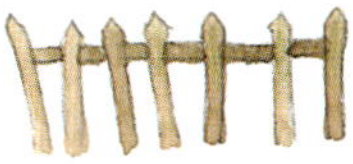
Zaun

Kerze

Dach

Drachen-Ei

Kamin

Schuppen

Fenster

Bettdecke

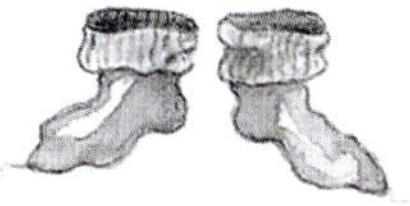
Socken

1. Was siehst du auf den Bilderrahmen an der Wand? E I
2. Wo hat Filibelle ihren Hexenbesen versteckt? OBEN
3. Welche Tiere zaubert Filibelle?
VOGE. ELEFANT, FISCH.

Lösungen:

Seite 25

Seite 34/35

Seite 58/59

2. Eine Flasche
3. Ein Gespenst

Seite 70/71

1. 10 Gespenster
2. Mensch ärgere dich nicht

Seite 80/81

1. 12 Hexen
2. Den Buchstaben „M“
3. Um die Katze vom Dach zu holen

Seite 90/91

1. 23 Seepferdchen
2. Den Kapitän

Seite 117

Seite 126/127

1. Der Hase
2. Zwei Cowboys
3. Sie winken Simon, Paul und Hans zu.

Seite 138/139

1. Eine Banane, ein Sieb, eine Kerze, Alufolie, einen Kochlöffel
2. Viele Häuser und einen Kirchturm
3. Dinosaurier und Hasen

Seite 150/151

1. Ein Drachen-Ei und ein Haus
3. Einen Vogel, einen Elefanten und einen Fisch

Lesestart mit der Maus

Lesestart mit der Maus
Meine kunterbunten
Leselern-Geschichten

ISBN 978-3-7607-8628-5
12,95 € (D) • 13,40 € (A)